ANALISI DEL LIBRO

AF142083

Volo di notte

· · · · · · · · · · · · · · · · ·

ANTOINE DE SAINT-EXUPÉRY

ANALISI DEL LIBRO

Scritto da Paola Livinal
Tradotto da Sara Rossi

Volo di notte

· ·

ANTOINE DE SAINT-EXUPÉRY

ANTOINE DE SAINT-EXUPÉRY

SCRITTORE, POETA E AVIATORE FRANCESE

- **Luogo e data di nascita: Lione, 1900.**

- **Luogo e data di morte (presunti): Corsica, 1944.**

- **Opere principali:**

  - *Posta del Sud* (1929), romanzo

  - *Vento, sabbia e stelle* (1939), libro di memorie

  - *Il Piccolo Principe* (1943), novella

Antoine de Saint-Exupéry volò per la prima volta su un aereo alla tenera età di 12 anni e immortalò le sue sensazioni in una poesia. Non perse mai l'amore per la scrittura e ebbe modo di confrontarsi con molti altri scrittori quando viveva a Parigi molti anni dopo. Nel 1926 iniziò a lavorare come pilota per una compagnia postale aerea fondata da Pierre Latécoère (pioniere dell'aeronautica francese, 1883-1943), ribattezzata Compagnie Générale Aéropostale l'anno successivo. Durante la sua permanenza in questa compagnia, segnò la storia dell'aviazione postale contribuendo a stabilire la prima rotta aerea commerciale tra l'Europa e il Sud America, sotto la guida di Didier Daurat (aviatore francese, 1891-1969). Saint-Exupéry scomparve nel 1944 durante un volo di ricognizione sulla Corsica per conto delle forze alleate nella Seconda

Guerra Mondiale (1939-1945) e si presume che sia stato ucciso in azione.

Molte delle sue opere sono di natura autobiografica, tra cui *Volo di notte* (1931), *Volo ad Arras* (1942), *Lettera a un ostaggio* (1944) e *La saggezza delle sabbie* (1948). Le sue opere di maggior successo sono *Vento, sabbia e stelle* (1939), che vinse il prestigioso Grand Prix du roman de l'Académie française, e *Il piccolo principe* (1943), che è una delle opere di narrativa più vendute di tutti i tempi.

VOLO DI NOTTE

IL LATO POETICO DELL'AVVENTURA

- **Genere:** romanzo
- **Edizione di riferimento:** Saint-Exupéry, A. (2016) *Vol de nuit*. Trans. Carter, D. Richmond: Alma Classics.
- **Prima edizione:** 1931
- **Temi:** aviazione, eroismo, paura, notte, superare i limiti, dovere, fratellanza

Saint-Exupéry scrisse *"Volo di notte"* in Sudamerica, durante il periodo in cui era direttore della compagnia aerea Aeroposta Argentina, che era una filiale locale della Compagnie Générale Aéropostale. Il romanzo racconta la straordinaria storia di come il servizio postale si sia affidato ai voli notturni su aerei sgangherati come mezzo rapido per consegnare la posta. Ognuno di questi voli era una lotta contro l'oscurità (gli aerei non avevano fonti di luce integrate), il paesaggio e le condizioni atmosferiche, per non parlare della possibilità di guasti tecnici e meccanici. I 23 brevi capitoli di *"Volo di notte"* descrivono le complesse difficoltà tecniche e personali affrontate da Rivière (il direttore della compagnia), dai piloti, da una delle loro mogli e dal personale di terra, offrendo al lettore uno sguardo di prima mano sui loro pensieri e sulle loro vite. Il romanzo, che include anche una prefazione di André Gide (scrittore francese, 1869-1951), vinse il Prix Femina nel 1931.

SINTESI

LA MISSIONE

La storia è ambientata in Sud America, dove Rivière, responsabile della rete che sta creando rotte postali che collegano il continente con l'Europa, cerca di introdurre voli notturni. Tuttavia, queste missioni sono piene di pericoli e finiranno per costare la vita a Fabien, uno dei piloti della compagnia.

Fabien è stato incaricato di stabilire una rotta attraverso l'Argentina tra la Patagonia e Buenos Aires. Sorvola una serie di pianure e villaggi, descritti con un linguaggio vivido e lirico, fa una breve sosta e poi decolla di nuovo al calar della notte. Si prepara con cura al volo che lo attende, durante il quale naviga alla cieca e contempla le luci scintillanti disseminate nel paesaggio sotto di lui una volta che l'aereo si è alzato in volo. Come gli altri piloti con cui lavora, non potrebbe mai rinunciare al suo lavoro, nonostante tutti i pericoli che comporta, perché per loro è una vera e propria passione.

Nel frattempo, Rivière si trova a Buenos Aires, dove attende l'arrivo di tre aerei che devono trasportare della posta urgente in Europa. Rivière lavora da 40 anni al fianco dell'anziano caposquadra Leroux e questi anni di duro lavoro cominciano a stancarlo, sia per l'età sia perché gli sembra di combattere una guerra infinita, per cui ogni aereo che sopravvive a un volo rappresenta una battaglia vinta. È un eccellente leader e incoraggia i suoi aviatori a superare le proprie paure e a fare sempre del proprio meglio, permettendo all'azienda di prosperare.

NORME E REGOLAMENTI

Il pilota Pellerin atterra con un aereo che trasporta posta dal Cile, evidentemente sollevato di essere ancora vivo dopo essere stato sorpreso da un ciclone mentre sorvolava le Ande (una lunga catena montuosa che si estende lungo la costa occidentale del Sud America). Insieme a Rivière si reca alla sede della società, accompagnato dall'ispettore Robineau, un uomo noioso e ossessionato da norme e regolamenti. Rivière incoraggia Robineau a essere estremamente severo con i piloti per assicurarsi che facciano sempre del loro meglio.

Durante il viaggio, Pellerin racconta la storia della sua battaglia contro il ciclone e Robineau comincia a ripensare alle occasioni in cui la sua mancanza di conoscenze lo ha fatto sentire stupido. I racconti di Pellerin delle sue audaci imprese fanno sentire Robineau come se la sua vita fosse squallida e noiosa e la solitudine che prova a causa del suo lavoro gli pesa così tanto che invita Pellerin a cena. Il pilota accetta e, mentre parlano insieme in albergo, Rivière riprende Robineau per ricordargli che è il capo di Pellerin e gli ordina anche di trovare un pretesto per imporre al pilota una sorta di punizione per ristabilire i loro confini professionali, poiché Rivière ritiene che sia indispensabile che il giudizio dei piloti non sia mai offuscato dalle emozioni.

In ufficio, Rivière è soddisfatto, perché il cielo della sera sembra limpido e tranquillo e tutto sembra filare liscio. Poi, aspetta con impazienza che un aereo decolli di nuovo, perché ogni minuto di permanenza a terra gli sembra una perdita di tempo. Inizia a camminare nel tentativo di calmarsi e riflette sul modo in cui la sua preferenza per l'assoluta solitudine della notte lo distingue dagli altri abitanti della città. Prova un'ondata di ansia ogni volta che squilla il telefono, nel caso in cui significhi cattive notizie, ma le uniche chiamate che riceve sono messaggi di servizio di routine e avvisi di tempesta.

Mentre si occupa delle pratiche di routine, esita prima di firmare un avviso di licenziamento per Roblet, un meccanico che lavora per l'azienda da 20 anni e che ha una famiglia da mantenere. Tuttavia, quando riceve una telefonata per un altro guasto, si irrigidisce e firma il documento, sapendo che la sua priorità deve essere quella di prevenire i problemi e che, quindi, il responsabile di un guasto meccanico deve essere licenziato.

UNA SVOLTA DRAMMATICA

L'operatore radio a bordo del volo per la Patagonia vede una tempesta all'orizzonte e osserva Fabien da vicino per placare le sue preoccupazioni. Vedendo che il pilota è completamente concentrato e apparentemente non preoccupato, il radiotelegrafista inizia a nutrire una certa fiducia nei suoi confronti. Poiché è stato previsto un tempo migliore per la città di Trelew, Fabien decide di continuare a volare nonostante la tempesta in arrivo. Tuttavia, questa si abbatte sulle città circostanti e l'aereo si ritrova nel bel mezzo di un ciclone.

Visto che l'aereo non ha abbastanza carburante per rimanere in volo fino al mattino, Fabien chiede istruzioni. Vuole atterrare per aspettare la tempesta, ma poi si rende conto di essersi perso nell'oceano. Mentre lotta contro una violenta turbolenza, vede delle stelle sopra di sé e decide di alzarsi in volo verso di esse: in questo modo, lui e il radiotelegrafista si ritrovano presto a volare a 3000 m di altezza sopra la tempesta. Rimangono senza parole per la bellezza del cielo, ma sanno di essere condannati.

Rivière è sempre più preoccupato per Fabien e cerca di capire se nelle vicinanze del pilota ci sia qualche luogo sicuro dove poterlo indirizzare per cercare riparo dall'impetuosa tempesta, sapendo che se le cose dovessero andare male, metterebbe a rischio tutto ciò che ha faticosamente costruito.

NESSUNA VIA D'USCITA

La moglie di Fabien, Simone, viene a conoscenza della situazione quando, come di consueto, telefona in ufficio per chiedere informazioni sui progressi del marito. Chiede di parlare con Rivière, che si sente impotente di fronte alla sua disperazione, soprattutto perché le loro visioni della vita sono completamente opposte: mentre Simone ritiene che tutti debbano avere il diritto di essere felici, Rivière crede che nulla sia più importante che garantire il progresso umano.

Fabien e il suo ufficiale radio sono ancora bloccati sopra il ciclone. Poiché hanno solo il carburante sufficiente per rimanere in volo per altri 30 minuti, sanno di non avere alcuna possibilità di atterrare in sicurezza e Rivière ha perso ogni speranza. Sopraffatto dall'emozione, pensa tra sé e sé: "Due bambini, nel modo saggio in cui il mondo vede queste cose, sembreranno dormire. E qualcosa sarà fluito dal mondo visibile a quell'altro" (p. 91).

Nel frattempo, Robineau si sente impotente e inutile e Simone Fabien sopporta la sua sofferenza con grande dignità, ma, come Rivière, non può fare altro che aspettare. Sapendo che una relazione d'amore sta per essere distrutta per sempre, Rivière inizia a vedere il lavoro sempre più lento dei suoi dipendenti come un simbolo di morte.

LA VITA CONTINUA

A Fabien non resta altra scelta che iniziare la discesa, poiché tutto il carburante dell'aereo è stato consumato. Invia un messaggio all'ufficio per informare tutti i presenti della sua decisione e tutti si sentono impotenti e in preda al dolore. Rivière dà alcune istruzioni e poi si chiude in sé stesso per un po' prima di rimettersi al lavoro. Per lui né la vittoria né la sconfitta hanno significato: crede semplicemente nella necessità di andare sempre avanti. Robineau sente di dover incoraggiare Rivière, ma non riesce a fare altro che chiedergli i prossimi ordini quando gli parla e Rivière gli dice che i voli notturni devono continuare.

Il pilota che dovrebbe volare in Europa sta ancora dormendo. Sebbene la moglie lo ammiri e ammiri la vita che ha scelto, è triste nel sapere che il suo amore per le stelle eclissi tutto il resto e lo allontanerà inevitabilmente da lei. Infatti, quando il pilota si sveglia, l'unica cosa a cui riesce a pensare è il volo che lo attende, anche se una volta era tornato indietro in una delle sue precedenti missioni dopo essere stato sopraffatto dalla paura delle turbolenze e dell'oscurità che lo inghiotti-vano mentre sorvolava le cime delle montagne.

Nel tentativo di scacciare la paura del pilota, Rivière lo rim-provera, ricordando quante resistenze ha dovuto superare per far diventare realtà i voli commerciali notturni. La posta dei due voli sopravvissuti alla notte precedente, uno dal Paraguay e uno dal Cile, viene caricata sull'aereo diretto in Europa, che decolla come previsto.

STUDIO DEI PERSONAGGI

RIVIÈRE

Rivière è un uomo di 50 anni che "sembra, come sempre, un eterno viaggiatore. Passa quasi inosservato, tanto poco è lo spazio che occupa la sua piccola figura e tanto bene si integrano in ogni ambiente i suoi capelli grigi e i suoi abiti anonimi" (p. 29). Nonostante il suo aspetto poco appariscente, è "responsabile dell'intera rete" (p. 10) di rotte postali in tutto il Sud America e attraverso l'Atlantico verso l'Europa. Si dedica al suo lavoro da 40 anni e "non ha mai avuto tempo" (p. 12) per l'amore.

Viene spesso paragonato a un "vecchio combattente" (p. 11) o a un "leone" (p. 103) e il suo unico obiettivo nella vita è quello di realizzare i voli notturni. Tuttavia, sa che "non c'è un arrivo preciso per tutti gli aerei postali" (p. 12), il che lo ha reso stanco (così come l'avanzare dell'età e la tensione del suo lavoro).

È un leader abile e incoraggia sempre i suoi dipendenti a fare del loro meglio, a superare le loro paure e a rischiare la vita ogni notte: "Un essere umano [è] per lui un pezzo di cera inutilizzato, che [deve] essere modellato" (p. 24). Sostiene inoltre che "gli uomini sono felici perché amano quello che fanno, e lo amano perché io sono duro con loro" (p. 25). È, quindi, molto severo nel far rispettare le regole dell'azienda, a volte anche in modi che sembrano ingiusti.

Tuttavia, la sua intransigenza lo porta a sentirsi costantemente combattuto tra le esigenze del suo dovere e i suoi sentimenti. Nell'intimità della notte, il suo lato più emotivo viene occasionalmente alla luce, come quando inizia a pensare ai piloti scomparsi come a dei bambini: "Alcuni umili contadini probabilmente scopriranno due bambini, con i gomiti incrociati sul viso, come se stessero dormendo" (p. 90). Nonostante i suoi successi, a volte esprime rimpianti appena celati: "Anche se naturalmente vorrei circondarmi di amicizia e gentilezza umana" (p. 58). Tuttavia, non tarda a seppellire questi desideri sotto il suo senso del dovere, anche nei momenti di crisi, perché "i fallimenti rendono [sic] solo più forti i forti" (p. 68).

ROBINEAU

Secondo Rivière, Robineau "non pensa a nulla, [...] il che gli impedisce di pensare in modo sbagliato" (p. 23) e questa caratteristica fa sì che "aiuti in molti modi" (p. 22). Rivière lo ha, quindi, nominato ispettore, ritenendo che sarebbe stato in grado di far rispettare le regole senza che la sua coscienza lo ostacolasse.

Robineau è un uomo ottuso, il cui orgoglio viene facilmente ferito, e "si è appena reso conto che la propria vita [è] piuttosto grigia" (p. 26) rispetto alle audaci imprese dei piloti. Vorrebbe fare qualcosa di degno di ammirazione: "Avrebbe voluto salvare la compagnia da un grande pericolo" (p. 27), ma è costretto ad accontentarsi di scrivere rapporti poco importanti. Nutre un profondo senso di inutilità, stanchezza e mancanza di fiducia in sé stesso e le lacune nelle sue conoscenze lo fanno spesso sembrare un idiota: "Ma soprattutto aveva criticato il modo in cui era stata montata una pompa dell'olio di tipo B6, confondendola con una pompa dell'olio di tipo B4 e gli astuti meccanici lo avevano lasciato lamentarsi per venti minuti di 'imperdonabile ignoranza', che in realtà era la sua" (p. 26).

A parte questo, la sua vita è del tutto irrilevante, a parte la passione per la geologia, l'eczema e la relazione con l'amante francese, che non lo soddisfa. Tuttavia, la sua vita gli sembra un peso.

I PILOTI

Solo due dei quattro piloti che compaiono in *"Volo di notte"* sono nominati (Pellerin e Fabien) e nessuno di loro è descritto fisicamente. Essi sono definiti principalmente dalla loro funzione ("il pilota Fabien", p. 3) e soprattutto dalla rotta di cui sono responsabili: ad esempio, uno di loro viene semplicemente definito "il pilota della posta Europa" (p. 51).

L'autore presta sempre particolare attenzione alle descrizioni delle mani dei piloti, non solo perché dalla loro destrezza dipende il successo di ogni volo e la vita dell'equipaggio, ma anche perché simboleggiano la capacità di un individuo di influenzare il mondo circostante: Fabien pensa addirittura che "se solo rilassasse le mani, le loro vite si svuoterebbero rapidamente come una sabbia inutile" (p. 83).

Sebbene i piloti non sembrino particolarmente degni di nota a prima vista (Pellerin è descritto come "sfinito dalla fatica e incastrato in un angolo della macchina, con gli occhi chiusi e le mani nere di olio", p. 10), sono in realtà individui piuttosto straordinari che rischiano la vita ogni notte affrontando le forze del buio, del tempo e della natura. La moglie del pilota che deve volare in Europa descrive la loro professione nei seguenti termini: "Guardò quelle braccia robuste che, tra un'ora, avrebbero retto il destino del volo postale per l'Europa, e sarebbero state responsabili di qualcosa di grande, come il destino di una città. Ed era preoccupata. Quest'uomo, uno tra milioni di uomini, era l'unico preparato a questo strano sacrificio" (p. 53).

Nonostante le loro imprese, riescono a rimanere umili e professionali: ad esempio, Pellerin descrive il suo volo attraverso un ciclone "come un fabbro parla della sua incudine" (p. 20). Il volo è la loro linfa vitale e ne traggono un immenso piacere nonostante i pericoli che affrontano, che insegnano loro "il valore del mondo visto sotto una certa luce" (ibidem) e creano legami molto forti tra loro: quando Fabien muore, "il loro profondo legame fraterno permetteva loro di fare a meno delle parole" (p. 107).

Pellerin e Fabien sono due facce della stessa medaglia: entrambi affrontano un ciclone, ma mentre il primo riesce a sopravvivere, il secondo viene ucciso, illustrando il fatto che se i sogni possono diventare realtà, possono anche portare alla nostra rovina.

LE MOGLI DEI PILOTI

Nel romanzo compaiono due mogli di piloti. Una di loro non viene mai nominata ed è l'incarnazione di una moglie amorevole e ammiratrice: è una compagna premurosa, ma nonostante le sue attenzioni, capisce che non potrà mai impedire al marito di prendere il volo e che non farà mai parte di quel mondo.

Questo dà all'autore l'opportunità di fornire una descrizione lirica dell'aspetto fisico del marito: quando il pilota incaricato del volo verso l'Europa si sveglia nel loro appartamento, la moglie "ammira il suo petto nudo. La sua forma affusolata [le] fa pensare a una bella nave" (p. 52). La donna riflette anche sulla felicità che hanno costruito insieme e sul piacere che lui prova durante i voli notturni e giunge alla conclusione che, sebbene entrambe le gioie siano ugualmente reali, sono separate e inconciliabili per natura.

La seconda moglie che compare nel romanzo è Simone Fabien. Sebbene sia anch'essa affettuosa e premurosa, il suo destino è molto più tragico, poiché il marito muore nel corso di un volo. Simone non può sopportare di perdere la felicità che aveva trovato da poco, visto che "erano sposati da sei mesi" (p. 96) e si reca da Rivière per chiedere spiegazioni. Quando arriva, è colpita dall'abisso tra l'intensità dei suoi sentimenti e questo ambiente ordinato e professionale, dove ognuno conosce il proprio posto:

> *"Si rendeva conto, con un certo disagio, che qui stava trasmettendo una verità ostile, e quasi si pentiva di essere venuta; voleva nascondersi da qualche parte e, per paura che si accorgessero troppo della sua presenza, si tratteneva dal tossire o dal piangere. Si sentiva fuori posto, in uno stato indecoroso, come se fosse nuda". (p. 93)*

Sebbene Simone lasci l'ufficio con la sensazione di non aver ottenuto nulla, a sua insaputa fa sì che Rivière nutra qualche dubbio sul senso della sua vita e delle sue azioni, prima di ributtarsi nella sua guerra contro "il vuoto che ci circonda" (p. 95).

ANALISI

TRA FINZIONE E REALTÀ

"Volo di notte" presenta una serie di personaggi i cui pensieri e azioni sono raccontati da un narratore onnisciente. Gli elementi di finzione della storia sono al centro dell'attenzione fin dal primo capitolo, il che fu senza dubbio molto apprezzato dai lettori dell'epoca, che raramente avevano la possibilità di alzarsi in volo. Il resto del romanzo intreccia il resoconto fittizio del volo di Fabien sopra la Patagonia con dettagli reali sulla storia del servizio postale aereo, tratti in gran parte dalle esperienze di Saint-Exupéry come pilota e come direttore di una compagnia postale aerea con sede in Argentina.

Dettagli storici

Nel 1918, subito dopo la fine della Prima Guerra Mondiale (1914-1918), fu fondata una società di posta aerea da Pierre Latécoère, un ambizioso uomo d'affari con precedenti esperienze nel campo dell'ingegneria aeronautica. Nel 1927 venne fondata una nuova filiale di questa società: la Compagnie Générale Aéropostale, meglio conosciuta come Aéropostale.

L'obiettivo di Latécoère era semplice: creare rotte aeree di consegna della posta che fossero attive sia di giorno che di notte, consentendo di consegnare la posta molto più rapidamente di quanto fosse possibile in precedenza utilizzando navi e treni.

Gli aerei che acquistò a questo scopo erano stati usati in precedenza dall'esercito e non erano stati progettati per voli a lungo raggio. Non erano nemmeno dotati di luci: "non riusciva più a distinguere la massa del cielo da quella della terra. Si perdeva in un'oscurità in cui tutto si confondeva, in un'oscurità primordiale" (p. 82). Nonostante ciò, i piloti effettuarono una serie di scali su una rotta accuratamente pianificata che li portò dalla Francia al Marocco, poi al Senegal, prima di affrontare il lungo volo attraverso l'Atlantico fino al Sud America.

I primi piloti assunti da Aéropostale furono veterani della Prima Guerra Mondiale, molti dei quali colsero al volo l'opportunità di tornare a volare in tempo di pace. In seguito, la compagnia assunse alcuni dei personaggi più famosi della storia dell'aviazione, tra cui Saint-Exupéry, Jean Mermoz (aviatore francese, 1901-1936) e Henri Guillaumet (aviatore francese, 1902-1940). Nonostante i progressi della tecnologia aeronautica, ogni volo rimaneva pericoloso per i piloti, che lavoravano sotto la guida di Didier Daurat, una figura imponente che li motivava ispirando loro ammirazione e paura in egual misura.

Volo di notte è dedicato a Daurat e il personaggio di Rivière sembra essere l'immagine speculare della sua personalità efficiente e autoritaria. Come la sua controparte nella vita reale, Rivière sembra credere che le regole debbano essere ben formulate e seguite alla lettera per garantire che ogni pilota lavori sempre al massimo delle proprie capacità, il che a sua volta garantisce la sua sicurezza e permette di consegnare la posta il più rapidamente possibile: "Se con questo puniva tutti gli esempi di ritardo, allora forse commetteva un atto di ingiustizia, ma incoraggiava la volontà di partire in orario in ogni stazione del percorso: di fatto creava tale volontà" (p. 24).

Date le condizioni che i piloti dovevano affrontare durante ogni volo, sarebbe difficile non ammirare il coraggio e la forza di volontà di questi pionieri. Il ruolo di Daurat, come illustrato da Rivière nel romanzo, era quello di tenerli a terra e di ricordare loro che era estremamente difficile ottenere l'approvazione necessaria dalle autorità per svolgere questo tipo di lavoro e che questa sarebbe stata revocata se troppi voli non fossero andati a buon fine. Sebbene i rischi fossero enormi e molte vite fossero andate perdute lungo il percorso, l'aviazione commerciale iniziò a fiorire davvero in questo periodo, creando collegamenti in tutto il mondo.

Elementi autobiografici

Sebbene presenti elementi sia del romanzo storico che del romanzo autobiografico, *"Volo di notte"* non può essere veramente classificato come uno dei due.

Un'autobiografia può essere definita come "un resoconto della vita di una persona scritto o altrimenti registrato da quella persona" (Dizionario Collins). In pratica, ciò significa che le autobiografie sono generalmente scritte in prima persona e che l'autore, il narratore e il protagonista del libro sono tutti la stessa persona.

Per questo motivo, è chiaro che *"Volo di notte"* non può essere definito un'autobiografia, poiché l'autore non sta scrivendo un resoconto della propria vita. Sebbene Saint-Exupéry attinga a piene mani alle proprie esperienze di lavoro per l'Aéropostale in Sudamerica e alle impressioni sulle persone con cui ha lavorato in quel periodo, come Daurat, la storia in sé è un'opera di fantasia, così come lo sono i personaggi su cui si concentra.

Ci sono molte altre scene nel romanzo in cui appare chiaro che l'autore stia attingendo alle proprie esperienze, in particolare alle scene aeree. Ad esempio, quando Fabien viene sorpreso dal ciclone, è costretto a decidere se continuare a volare attraverso la tempesta ("Avrebbe potuto continuare a lottare e tentare la fortuna", p. 83), il che gli avrebbe dato la possibilità di atterrare da qualche parte, o portare l'aereo più in alto, verso i cieli tranquilli tra le nuvole e le stelle, sapendo di non avere quasi nessuna possibilità di atterrare in sicurezza. A questo punto, dice il narratore, "c'è un destino interno. Arriva un momento in cui scopri di essere vulnerabile. Ti colpisce come una vertigine, e sei portato a commettere errori" (pp. 83-84). Questo sembra quasi attingere all'esperienza e ai ricordi personali dell'autore.

Infine, le forze motrici principali di questo breve romanzo sono legate alla condizione umana: le forze opposte della vita e della morte (esplorate principalmente attraverso i personaggi dei piloti e delle loro mogli), la paura e il coraggio (incarnati da Robineau e Pellerin) e la sconfitta e la vittoria (Rivière). Sebbene la narrazione sembri inizialmente avere qualche perplessità ("Che nota angosciante nel canto della posta notturna in tonalità minore, scagliato come una freccia cieca contro qualsiasi cosa la notte lanciasse sul suo cammino", p. 31), la storia si conclude con una nota di speranza che esprime piena fiducia nel futuro del trasporto aereo, poiché il volo diretto in

Europa atterra sano e salvo, permettendo al progresso umano di continuare.

VITA NEI CIELI

Alcuni capitoli (1, 7, 12, 15, 16, 22) permettono al lettore di immaginare di essere seduto accanto ai piloti nell'aereo che stanno pilotando e di partecipare a questa fase cruciale della storia dell'aviazione. Saint-Exupéry utilizza diverse tecniche per creare questo effetto:

- L'uso di un'ampia gamma di **vocaboli specialistici**: "i cinquecento cavalli del motore" (p. 7); il "giroscopio" (p. 8); l'"altimetro" (*ibid.*); gli "aghi degli strumenti" (p. 6); il "joy-stick" (p. 83), ecc.

- **Descrivendo il mondo dalla prospettiva dei piloti**, che è influenzata dall'altitudine e dalla velocità a cui viaggiano. Ad esempio, poco prima che un aereo atterri, "il villaggio stava già sfrecciando, a livello delle ali" (p. 5), e il pilota può "girare il paesaggio" (p. 55) semplicemente regolando i comandi.

- L'uso di un **effetto zoom inverso**, in particolare nel seguente passaggio: "Quegli uomini pensano che la loro lampada brilli solo per il loro umile tavolo, ma a ottanta chilometri di distanza da loro qualcuno è già stato toccato dall'appello lanciato da quella luce" (pp. 8-9).

- L'uso di una varietà di **similitudini e metafore**, che permette all'autore di illustrare il modo in cui la storia si svolge su diversi livelli (ad esempio, i piloti sono paragonati a pastori le cui pecore sono le città che vedono dal cielo, e così via).

Questa immersione nel mondo dell'aviazione è sottolineata dal fatto che i piloti non sembrano appartenere veramente al mondo su cui volano:

- sono completamente soli nell'immensità del cielo;

- per questo motivo, quando Pellerin torna da una missione particolarmente pericolosa, "pensa prima di tutto a insultare [l'equipaggio di terra] perché se ne stavano lì così tranquilli, sicuri della loro vita e ammirando la luna" (p. 15);

- l'altitudine dà loro un senso di atemporalità: "i giardini racchiusi tra vecchie mura che egli attraversava sembravano durare per l'eternità" (p. 5).

UNO STILE LIRICO

Metafore nautiche

"Volo di notte" è racchiuso in un'enorme metafora estesa, in cui i piloti sono paragonati a marinai e i loro aerei navigano nei cieli notturni nello stesso modo in cui le navi attraversano i mari.

Ad esempio, la moglie di un pilota lo osserva mentre dorme e ammira il suo petto, che paragona a "una bella nave" (p. 52). Gli aerei hanno "un cofano che [è] pesante come una chiatta" (p. 10), e i piloti parlano dei loro viaggi su "cento chilometri di steppa, più disabitata del mare" (p. 3), "una grande distesa di praterie" (p. 4), "lo splendore di un mare di nuvole" (p. 5). 4), "lo splendore di un mare di nuvole" (p. 91), e montagne che "penetrano il vento aspro come le prue delle navi

[...] e vanno alla deriva intorno a lui, come navi giganti che si posizionano per la battaglia" (p. 17).

Quando un aereo arriva a destinazione senza problemi, è perché la notte "proprio come un mare, con tutto il suo flusso e riflusso e i suoi misteri, getta sulla spiaggia il tesoro che ha sballottato per tanto tempo" (p. 11). Ogni volta che questo accade, Rivière ha la sensazione di "trascinare i suoi equipaggi fuori dalla notte e sulla riva" (p. 10).

Questo linguaggio nautico viene utilizzato anche per descrivere la tempesta: "I primi gorghi della tempesta lontana cominciarono a colpire l'aereo" (p. 37); "Sentiva [le colline] rotolare verso di lui in onde vertiginose" (p. 82) e quando Fabien si rende conto di essere perso nella tempesta, pensa "all'alba come a una spiaggia di sabbia dorata su cui si sarebbero arenati dopo questa dura notte" (p. 65).

Immaginario poetico

Sebbene il tema nautico sia predominante in *"Volo di notte"*, il vivace stile di scrittura di Saint-Exupéry attinge anche ad altre fonti di immagini, conferendo al romanzo una cadenza poetica:

- Le piccole città che i piloti possono vedere dal cielo sono paragonate a greggi di pecore sparse, con Fabien che interpreta il ruolo di un pastore patagonico: "I pastori della Patagonia passano da un gregge all'altro senza fretta, e lui andava da una città all'altra: era il pastore delle piccole città. Ogni due ore li incontrava che venivano a bere sulle rive dei fiumi o che pascolavano in pianura" (p. 3).

- Nel frattempo, il radiotelegrafista non condivide la tranquillità di Fabien e prova invece un senso di inquietudine strisciante: "il radiotelegrafista pensò che probabilmente le tempeste avevano trovato un posto dove posarsi, proprio come un verme trova un posto dove posarsi in un frutto. Sarebbe stata una bella notte, eppure sarebbe stata rovinata" (p. 4).

- Mentre cresce l'ansia, Fabien si calma grazie al contatto con l'aereo, che sembra quasi vivo al tatto:

  "Toccò leggermente con il dito una costola d'acciaio e sentì che c'era vita che scorreva nel metallo: il metallo non vibrava, ma era vivo. I cinquecento cavalli di potenza del motore stavano generando una corrente molto delicata nel tessuto dell'aereo, trasformando la sua qualità glaciale in carne vellutata". (p. 7)

- La decisione di volare più in alto per sfuggire alla tempesta avvicina il pilota e il radiotelegrafista a una bellezza insidiosa che annuncia la loro morte: "Erano come quei ladri nelle città delle favole, che sono murati in una camera piena di tesori, ma non [sanno] come uscirne. Vagano tra queste gelide pietre preziose, infinitamente ricchi ma condannati a morte" (p. 87).

- Avendo perso ogni speranza che l'aereo possa sopravvivere, Rivière ne ha una visione bellissima, immersa in immagini naturali:

  "Qualche umile contadino probabilmente scoprirà due bambini, con i gomiti incrociati sul viso, come se dormissero, abbandonati sull'erba, come oro estratto dalle profondità pacifiche. Ma la notte li avrà annegati. [...] A poco a poco gli ampi solchi, i boschi umidi e le fresche piante di erba medica saliranno verso la luce del giorno. Ma tra le colline, che ora sono innocue, e le praterie e gli agnelli, due bambini, nel modo saggio in cui il mondo vede queste cose, sembreranno dormire. E qualcosa sarà fluito dal mondo visibile in quell'altro" (pp. 90-91).

Questo immaginario vivacizza e arricchisce il testo e dà al lettore un'idea del modo in cui l'autore ha visto il mondo durante il suo periodo di lavoro come pilota.

ALLA CONQUISTA DELLA NOTTE

Secondo Rivière, l'istituzione di voli commerciali notturni è "una questione di vita o di morte, perché ogni notte perdiamo il vantaggio acquisito durante il giorno rispetto alle ferrovie e alle navi" (p. 60). Tuttavia, si tratta di una vera e propria sfida, perché le mutevoli condizioni meteorologiche e la conformazione del territorio riempiono la notte di misteri e pericoli.

A parte la possibilità di guasti meccanici, il problema principale che i piloti devono affrontare è la mancanza di visibilità. Ciò significa che anche il più piccolo barlume di luce è una risorsa preziosa, che provenga dalla luna o dai vetri incandescenti di una "casa che illumina la propria stella, di fronte all'immensità della notte, come un faro che si volge verso il mare" (p. 6), perché a bordo non hanno altre fonti di luce se non il bagliore degli aghi degli strumenti e una piccola lampada da minatore.

Le condizioni meteorologiche sono il secondo fattore decisivo che determina la rotta del volo. Come già accennato nella sezione sulle immagini nautiche, il collegamento tra la notte e il mare viene generalmente utilizzato per indicare le difficoltà delle condizioni di volo.

In altre parole, i piloti stanno combattendo una battaglia epica contro la notte, che si riflette nell'uso di un linguaggio marziale. Alla fine del romanzo, Rivière viene soprannominato "Rivière il Grande, Rivière il Vittorioso" (p. 110), che richiama alla mente Alessandro Magno (re di Macedonia, 356-323 a.C.). Egli condivide anche i desideri di conquista di questo leggendario sovrano e la creazione di un vasto impero: "Questa sera, con due dei miei aerei da posta in volo, sono responsabile di un'intera area del cielo" (p. 40).

Ripensa anche ad alcune "altre battaglie che ha combattuto alla conquista della notte" (p. 60) e descrive il rumore degli aerei che decollano come "l'enorme strascico di un esercito che marcia tra le stelle" (p. 109). Inoltre, Fabien si sente come un cavaliere il cui destriero è il suo aereo: "come un cavaliere al galoppo verso la conflagrazione" (p. 39), e descrive anche la tempesta come "un animale selvaggio" (p. 38).

A volte, però, la notte emerge vittoriosa, come quella in cui Fabien e il suo ufficiale radio perdono la vita, descritta come "una notte difficile da sconfiggere" (p. 72).

IMPRESA COLLETTIVA E FELICITÀ INDIVIDUALE

Volo di notte esplora l'opposizione tra due filosofie molto diverse, che sono incarnate da alcuni personaggi e, in alcuni casi, sono la fonte di un conflitto interiore all'interno di un individuo.

Da un lato, alcuni personaggi, tra cui Rivière, credono che sia inutile aggrapparsi a piccoli momenti di felicità, perché la morte arriverà prima o poi. Sceglie, quindi, di credere che "esiste qualcos'altro di più duraturo" (p. 78) delle singole vite, "altrimenti non ci sarebbe alcuna giustificazione per le sue azioni" (*ibid.*). Questi individui compiono sacrifici in nome del progresso umano, che Rivière crede si possa raggiungere solo lavorando insieme ("oltre agli impiegati pensava agli operai, ai meccanici e ai piloti, a tutti coloro che lo aiutavano nel suo lavoro, con la fede dei costruttori", p. 96).

Tutto, però, ha un prezzo: tutti coloro che hanno scelto questa visione del mondo hanno anche dovuto imparare a ignorare quotidianamente i propri bisogni e le proprie paure. Inoltre, reprimono le proprie emozioni a tal punto che Rivière dichiara: "Non so se quello che faccio è buono. Non conosco il valore preciso della vita umana, della giustizia e del dolore. Non so esattamente come dare un valore alla gioia umana, a una mano che trema, alla pietà, alla gentilezza" (p. 50). Le loro azioni pesano molto sulla loro felicità personale e sulle loro emozioni e portano persino alla perdita di vite umane. Anche quando l'aereo di Fabien sta precipitando, Rivière pensa di dover "placare le emozioni" (p. 76) perché "non servono a salvare gli uomini" (*ibid.*) e si concentra invece sul suo lavoro.

A questa visione si contrappone la convinzione che la vita si riassuma al meglio in una serie di fugaci momenti di felicità e che sia di vitale importanza riconoscere il valore di ogni vita umana. Questa seconda prospettiva è sostenuta principalmente dalle mogli dei piloti, in particolare da quella di Fabien. Per lei, i successi e i progressi di cui Rivière e i suoi impiegati vanno tanto fieri non sono altro che "file in cui la vita umana e la sofferenza umana lasciavano solo un residuo di numeri insensibili" (p. 93). Semplicemente entrando negli uffici dell'azienda in grande difficoltà, "rivela agli uomini il sacro mondo della felicità" (p. 94), e Rivière ammette che lei incarna un "grido che [è] così triste, ma [è] suo nemico. Perché né le esigenze dell'azione, né quelle della felicità individuale si piegano l'una all'altra: sono in conflitto" (pp. 76-77).

Ciò non impedisce a Rivière di essere occasionalmente assalito dai dubbi: "'Questi uomini', pensava, 'che probabilmente scompariranno' avrebbero potuto condurre una vita felice'" (p. 78). Più tardi, si rende conto che queste visioni del mondo opposte hanno una radice comune: "Non ci aspettiamo di essere immortali, ma non vogliamo che le nostre azioni e le cose che ci circondano perdano improvvisamente tutto il loro significato" (p. 95).

Nel frattempo, i piloti sono in bilico tra queste due prospettive: ad esempio, all'inizio del romanzo, Fabien immagina momentaneamente di stabilirsi in uno dei villaggi in cui fa scalo, perché "siamo arricchiti dalle nostre sofferenze e dall'essere un uomo comune" (p. 5). Tuttavia, l'amore per la sua professione e per le avventure, la solitudine e la possibilità di librarsi nel cielo che essa gli offre viene presto a galla ed egli dà prova di grande coraggio, affrontando la morte con rassegnata dignità, perché "un giorno doveva succedere" (p. 82).

LOTTA PER LA VITA

Per Rivière, la gestione della sua azienda è una lotta costante, con un nuovo problema che si presenta alla sua attenzione dopo ogni piccola vittoria ottenuta. Per questo vede il suo lavoro come una battaglia: "Rivière pensava che ogni notte, in questo modo, un'azione prendeva forma nel cielo, come un dramma. Qualche vacillamento nella forza di volontà poteva portare con sé una sconfitta, e probabilmente avrebbero avuto una grande battaglia da affrontare prima della luce del giorno" (p. 34). Per questo, quando un aereo è costretto a fare un atterraggio di emergenza, considera questo tempo perso come uno spreco totale. Secondo lui, "la grande lancetta dell'orologio descriveva ora uno spazio vuoto: tanti eventi avrebbero potuto essere racchiusi in quell'apertura" (p. 36).

Quando viene confermata la perdita del volo per la Patagonia, Rivière è colpito emotivamente come tutti gli altri e ha la sensazione che la morte si insinui tra i suoi dipendenti nella sede della società: "I compiti vitali venivano svolti a un ritmo più lento. Ecco cosa fa la morte! Pensava Rivière" (p. 96). Egli ritiene che sia essenziale lottare contro questo fenomeno e che "avrebbe lottato anche contro la morte quando avrebbe dato a quei telegrammi il loro pieno significato, restituito l'ansia a quegli equipaggi di guardia e dato un tragico obiettivo ai piloti" (p. 97).

Alla fine della Prima Guerra Mondiale, la domanda sulla bocca di tutti era "come può continuare la vita?". Tutti si trovarono di fronte alla sfida di trovare un modo per andare avanti con la propria vita in un mondo devastato dalla guerra e in cui il futuro era incerto. Sapendo che la morte è ineluttabile sia per l'umanità che per le sue istituzioni, ognuno ha trovato il proprio modo di lottare per una sorta di immortalità: "Forse esiste qualcos'altro di più duraturo [della felicità individuale] che può essere salvato; ed è forse questa parte dell'uomo che Rivière stava lavorando per salvare?". (p. 78).

Rivière è un uomo d'azione e sposa un'ideologia che dà un nuovo senso alla vita e non lascia spazio alla preoccupazione per la morte. Questo si riflette nella reazione degli altri piloti alla notizia della scomparsa di Fabien:

> "È arrivato il volo Patagonia?"
> "Non lo stiamo aspettando. È scomparso. Il tempo è buono?"
> "Il tempo è ottimo. Allora, Fabien è scomparso?".
> Non parlarono molto dell'argomento. Il loro profondo legame fraterno permetteva loro di fare a meno delle parole". (p. 107)

Oltre all'impegno di Rivière nel garantire il futuro della sua azienda, l'autore utilizza il suo personaggio per trasmettere un messaggio morale: "La meta non giustifica nulla probabilmente, ma l'azione libera dalla morte" (p. 97). L'obiettivo di Rivière, che è anche lo scopo di tutta la sua vita, è quello di realizzare i voli notturni, nonostante i pericoli che ne derivano, consentendo agli aerei di consegnare la posta più rapidamente dei treni e delle navi. Inoltre, questi aerei stabiliscono connessioni cruciali tra le persone: non solo per quanto riguarda i piloti, che sono legati dalla loro stessa professione, ma anche per il fatto che la consegna rapida della posta, grazie ai rischi che corrono, avvicina altre persone.

Si potrebbe obiettare che questi obiettivi non giustifichino i rischi che i piloti affrontano volontariamente, ma il romanzo chiarisce che i loro voli permettono loro di sentirsi degli eroi, di crescere come individui e di trovare un senso alla loro vita. In questo modo, riescono a trovare la felicità nel loro lavoro e persino nella consapevolezza che ogni volo potrebbe essere l'ultimo.

ULTERIORI RIFLESSIONI

ALCUNE DOMANDE SU CUI RIFLETTERE...

- In *"Vento, sabbia e stelle"*, Saint-Exupéry scrive che "forse la grandezza di una vocazione sta soprattutto nell'unità che crea: c'è una sola vera forma di ricchezza, quella del contatto umano" (Saint-Exupéry, 2000: 21). Come si potrebbe applicare questa affermazione a *"Volo di notte"*?

- In *"Volo di notte"*, Rivière dice: "È alle esigenze degli eventi che sono tenuto a servire" (p. 58). In che modo questo influenza la sua vita, il suo comportamento, le sue scelte e le sue relazioni con gli altri?

- Perché la moglie di Fabien dice che la sua sola presenza nell'ufficio dell'azienda "trasmetteva una verità ostile" (p. 93)? Che cos'è questa "verità ostile"?

- Prima di diventare pilota, Saint-Exupéry sperava di diventare un marinaio. In che modo questo è evidente nella sua scrittura?

- Spiegate perché alla fine del romanzo Rivière viene definito "Rivière il grande, Rivière il vittorioso" (p. 110).

- In che modo il silenzio e la solitudine sono temi chiave del romanzo?

- In una lettera, Saint-Exupéry scrisse che "il coraggio [...] non nasce da nobili sentimenti, ma da un po' di rabbia, da un po' di vanità, da una grande ostinazione e da un piacere di fondo per lo sforzo fisico; soprattutto, da un piacere per la propria forza fisica, anche se questa non ha nulla a che vedere con esso"[1] (Saint-Exupéry, 2009: 964). Il coraggio mostrato dai piloti in *"Volo di notte"* corrisponde a questa definizione?

- Saint-Exupéry usa spesso le similitudini per creare immagini suggestive. Che effetto ha questo sullo stile altrimenti sobrio del romanzo?

- Descrivete i diversi modi in cui i legami fraterni tra i personaggi vengono esplorati nel romanzo.

- I capitoli 15 e 16 sembrano riflettere i ricordi della vita da pilota di Saint-Exupéry. In che modo questi capitoli sono paradossali? Confrontateli.

....
1 Questa citazione è stata tradotta da BrightSummaries.com.

ULTERIORI LETTURE

EDIZIONI DI RIFERIMENTO

Saint-Exupéry, A. (2016) *Volo di notte*. Trans. Carter, D. Richmond: Alma Classics.

Saint-Exupéry, A. (2000) *Vento, sabbia e stelle*. Trans. Rees, W. London: Penguin.

STUDI DI RIFERIMENTO

Hardt, H. (Senza data) Saint-Exupéry, Antoine de (1900-1944). *Universalis*. [Online]. [Accessed 16 May 2018]. Disponibile da: <http://www.universalis.fr/encyclopedie/antoine-de-saint-exupery>

(Senza data) Autobiografia. *Dizionario Collins*. [Online]. [Accessed 16 May 2018]. Disponibile da: <https://www.collinsdictionary.com/dictionary/english/autobiography>

ADATTAMENTO

Volo di notte. (1933) [Film]. Clarence Brown. Dir. USA: Metro-Goldwyn-Mayer.

Vogliamo sapere da voi!
Lasciate un commento sulla vostra biblioteca online
e condividete i vostri libri preferiti sui social media!

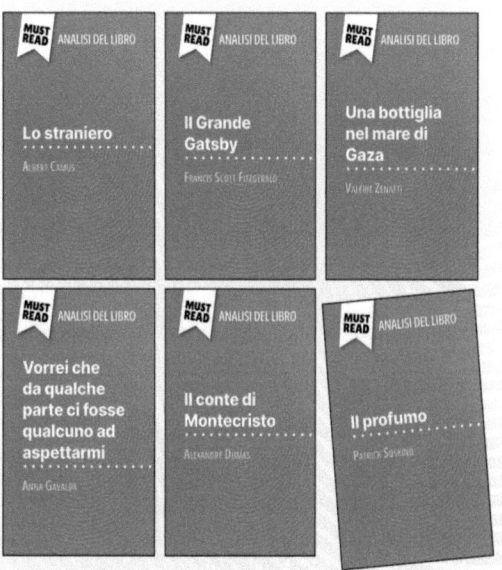

www.50minutes.com

Master ISBN: 9782808690294
ISBN cartaceo: 9782808611695
Deposito legale: D/2023/12603/1449

Copertura: © Primento

Concezione digitale a cura di Primento, il partner digitale degli editori.